Il Ors

e altre poesie

di

Ermes Culòs

ISBN 978-1-300-65983-9

Poešìis

Ortografia e pronuncja

Vocàls:

Li vocàls a vàn pronuncjàdis coma chès dal taliàn. Il acènt vièrt (`) al è ušàt par indicà la sìlaba ca risèif il acènt naturàl da la peràula o pur par indicà significàs diferèns da la peràula, coma par ešempli "nòta" e "notà." Par rašòns di semplicitàt a no sòn ušàs altri acèns (coma chèl sieràt o chèl dopli). Coma in tal cašu di "nòta" e "notà," la distinsiòn di significàt a è rinduda asaj ben dal acènt vièrt.

Consonàntis:

1. *La i-lùngja (j) a è ušada par indicà il sun da la "j" in peràulis coma "jò" e "cjàša."*
2. *La "z" a è sempri dolsa, coma in ta li peràulis "zìn" e "zìmul."*
3. *La "s" a è cuaši sempri dura, coma in ta li peràulis "stala," "strapàs" e "mestri." Ogni tant a ritèn il sun dols, coma in tal taliàn; par ešempli "sdrondenà, "sbati," e "slungjà." Cuant che la "s" in miès di dos vocàls a è dolsa, a vèn indicada cul sen diacrìtic "ˇ", coma in ta scju ešèmplis chì: "cauša," "mulišìn," "Cjašarsa."*
4. *La "c" o la "g" seguida da la i-lùngja a ghi conferìs a la "c" o a la "g" il sun mol coma in ta li peràulis "dincj" e "grancj" o pùr "dongja" e "stangja."*
5. *La tradusiòn a no fà distinsiòn fra la "c" dura e la "q."*
6. *"Amòu," "colòu," ecc. Cussì a San Zuan di Cjašarsa.*

Angela

Ascoltavo oggi
per caso
in the golden light'ning
of the sunken sun[1]
il gorgoglio e poi l'innalzarsi
della voce di
Angela Gheorghiu
mentre cantava Casta diva...

Like a star of heaven
in the broad daylight
Angela Gheorghiu
io non l'ho mai vista
ne mai la vedrò
ma mai la scorderò.

A che serve l'immagine dell'allodola
quando già ci trasporta
nell'infinito
la sua serafica melodia?

---

[1] P.B. Shelley, "To a Skylark."

Buddenbrooks

Momèns bòis e momèns brus
in taj afàrs di lavoru e famèa
coma sempri e coma par dut;

zent no sensa li so pècis
ma in complès ben joduda
da borc e plasa e bar.

Thomas Buddenbrook prin di dut,
rispetàt timòn da la famèa,
ma no sensa li so lùnis.

In tal orli:
so fradi Christian,
un strambèl di omp
ma sot sot bon,

e so sòu Tony,
sempri cul cjaf ta li nùlis,
e'n tal maridasi doma buna di partasi dongja
tramàis di òmis
coma Grünlich e Permanender.

Ma encja
la sioruta Weichbrodt,
pìsula e gobuta
e un plašej a sìntila ripeti
"Sei glöcklich, du gutes Kend!"—

e encja
il frutùt Hanno,

di pucja compagnìa
ma'n gamba'n tal sunà'l piano;

e il siòr Pfühl, il so mestri di mùšica,
ca nol vòu savèighini di sunà
il Tristan e Isolde di Wagner,
che par luj al è na schifensa moràl:
Dies ist keine Musik…dies ist das Chaos!

E par no dismintiasi:
il dentista Brecht, sempri plen di làgnis,
che doma'l so nòn a ghi fà'ngrìsul a Hanno;
e Josephus il papagàl di Brecht,
ca ghi siga a dùcjus di stà sintàs
cu la vòus di na vecja rabioša.

Divertèns, da compatì, da fati vignì…,
ma in tal so complès puc diferèns
da la zent ca mi sta atòr ogni dì
là ch'i lavori
là ch'i vaj a mangjà
là ch'i vaj a fà la speša.

Epùr chista zent a la buna
e encja cu li so pècis buna,
ca implenìs li pàginis di Mann,
a veva in ta na generasiòn o dos da dani
Göbbels e Göring e Himmler e Hitler.

Buddenbrooks

Bassi e alti negli affari
di lavoro e famiglia
come sempre e come ovunque;

gente non senza difetti
ma in complesso ben vista
nel borgo, in piazza e al bar.

Thomas Buddenbrook innanzitutto,
guida rispettata della famiglia,
ma non senza i suoi momenti…

Ai margini:
il fratello Christian,
stranissimo, a dir poco,
ma di buon cuore,

e la sorella Tony,
sempre con la testa tra le nuvole,
e nello sposarsi capace solo di agganciarsi
a scimuniti come
Grünlich e Permanender;

ma pure
la demoiselle Weichbrodt,
diminutiva e gobba, è vero,
ma una vera delizia a sentirla ripetere
"Sei glöcklich, du gutes Kend!"—

come pure
il ragazzino Hanno,
timido e furtivo
ma bravissimo al pianoforte;

e il signor Pfühl, il maestro di musica
che non vuole saperne di suonare
il Tristan e Isolde di Wagner,
che per lui è null'altro che un orrore morale:
Dies ist keine Musik…dies ist das Chaos!

E per non dimenticare:
il dentista Brecht, che non la smette mai di lagnarsi,
il cui nome fa rabbrividire Hanno;
e Josephus, il pappagallo di Brecht,
che a tutti grida di star seduti
con la voce stridula di un vecchia rabbiosa.

Divertenti, certo; da compatire, da farti venire…
ma nel complesso poco differenti
dalla gente che mi circonda ogni giorno
al lavoro
al ristorante
al negozio.

Eppure questa gente dall'aspetto normalissima
e nonostante i suoi difetti buona,
che riempie le pagine del Mann,
doveva entro una generazione o due darci
Göbbels e Göring e Himmler e Hitler.

Così credo

La notte è così inoltrata
che l'alba già si avvicina,
e l'ora mattutina ancor
non si è svestita della notte.
Stanco e assonnato,
mi preparo per dormire.
In questo stesso momento,
in quest'istante fra notte e giorno,
sento il cip-cip di un passerino
che sta salutando il giorno nuovo.
Cip—fa—cip-cip, cip-cip-cip,
e con quello stesso preludio
si rianima il mondo,
che col risvegliarmi rivedrò.

Così pur sarà, credo,
di quell'altra notte
che si avvicina sempre più.

Cussì i cròt

A è cussi tars in ta la nòt
che pront par spuntà fòu al è'l nòuf dì.
Cussì bunoruta a è
che la nòt a è'ncjamò uchì.
Strac e plen di sun i soj
e i mi prepari par durmì.
Pròpit in stu momènt,
in stu momènt fra nòt e dì,
i sìnt il cip-cip di na pasaruta
che saludànt a stà il nòuf dì.
Cip, a fà, cip-cip, cip-cip-cip,
e cun chel preludi lì
a si risvèa'l mont,
che a jòdi i tornaraj
cuant che finìt i'ai da durmì.

A sarà pur cussì i cròt
encja di che altra nòt
ca si visina sempri pì.

La puttana

Sto leggendo *Der Zug war pünktlich* di Böll.
Il mio tedesco è talmente debole
che qui e lì m'inciampo
e per raddrizzarmi
ho bisogno di usare
il mio *Langenscheidt.*

Ma quando momenti fa leggevo
questo di Andreas, che

...io a Parigi ho insultato una puttana. E se non bastasse, nel bel mezzo della notte. Faceva freddo, e lei mi si era avvicinata...mi si era addirittura buttata addosso, e io avevo notato dalle sue dita e dal suo naso che lei tremava dal freddo e dalla fame. Quando mi disse "Vieni" io ero rimasto inorridito e la spinsi lontana da me, che per quello, orribile da dire, si sarà congelata e rimasta sola in questa grande e larghissima strada; e lei sarebbe forse stata felice se io mi fossi messo con lei nel suo misero letto e l'avessi riscaldata un pochino...

ecco che—non so proprio perchè—
mi sentivo restringere da un nodo tale in gola
che a sciorglierlo lo *Langenscheidt*
ben poco avrebbe giovato.

Die Hure

I staj lešìnt *Der Zug war pünktlich* di Böll.
Il me todesc al è cussì debulùt
che chì e lì i m'intràuli,
e par tegnimi dret
a mi tocja encjamò uša
il me *Langenscheidt*
coma na crocja.

Ma cuant che momèns fà i leševi
chistu di Andreas, che

...in Paris habe ich eine Hure beschimpft. Mitten in der Nacht, das war es schlimm. Es war kalt, da hat sie an mich rangemacht...sie hat mich regelrecht angefallen, und ich habe an ihren Fingern und ihrer Nasenspitze gesehen, daß sie erbämlich gefroren hat, gefroren vor Hunger. Ich habe mich geekelt, als sie gesagt hat: Komm, und ich hab sie weggestoßen, dabei hat sie gefroren und ist häßlich gewesen un ganz allein in dieser großen, breiten Straße, und vielleicht wäre sie froh gewesen, wenn ich bei ihr gelegen hätte in ihrem armseligen Bett und hätte sie bloß ein bißchen gewärmt...

èco che—i no saj parsè—
i mi sintevi no doma 'ntraulàt ma 'ngropàt,
che par disgropami amondi puc
al zovava'l *Langenscheidt.*

Nulla di più gracile

Nulla di più gracile
di un neonato:
ecco risolto il mistero
della sua grande forza.

Ma ora non è più un bambino:
cresce sano e robusto,
ma oh quanto enorme
diventa la sua fragilità!

Nuja di pì debulùt

A no è nuja di pì debulùt
di un nini apena nasùt:
a è cussì ca si risòlf
il misteri da la so potensa.

Ma adès a nol è pì frutùt:
al crès san e fuart,
ma oh cuant granda
ca è la so fragilitàt!

Mi sentivo russo…

Annoiato cambiai canale, da CNN a PBS.
Horowitz suonava Schuman
in una sala di Mosca.

L'anziano Horowitz—non sapevo allora
che questo doveva essere uno dei suoi ultimi spettacoli—
con le palpebre che coprivano
occhi che vedevano cose mai viste
da occhi spalancati
si teneva piegato
sopra tasti accarezzati
da dita giovanili.

Gemeva ogni tasto
a quei tocchi soavi
e i miei occhi si riempivano di lacrime.

Si girava la fotocamera
per soffermarsi poi sui volti nell'auditorio.

Lacrime scorrevano sulle guance ruvide di un anziano
ascoltatore.
La mano di una donna anziana si alzava ai suoi occhi.

E io mi sentivo profondamente russo.

Questo splendido sole

Sempre grato e commosso
m'inchino
a questo splendido sole
quando all'alba mi dona
inconsapevole
il cinguettio del fringuello
il dolce librarsi dei nostri falchi cacciatori
sopra colli profumati d'artamisia,
l'aprirsi d'un fragrante bocciolo di rosa
il pudico rossore d'una ciliegia—
ed il tuo sorriso.

Il bocciolo intrappolato

Si struggono gli schiavi
per uscire dal marmo
dove Michelangelo
si sentiva imprigionato.

E guarda come, stupefatta,
questa vecchietta mira
la ballerina coreana che,
come un fiore coccolato
da un'arietta di primavera
corre piroettando nel ghiaccio
Olimpico di Vancouver.

E guarda, guarda quanto,
come lo spirito di Michelangelo,
prova invano ad aprirsi
e liberarsi un bocciolino
per sempre intrappolato
dietro gli occhi della vecchietta.

Il boculùt intrapulàt

Oh cuant ca pròvin i sclafs
a saltà fòu dal màrbul
indulà che Michelànzul
a si sinteva imprešonàt.—

E vuarda com'che'mpipinotada
sta vecjuta a stà vuardànt
la balarina coreàna che,
coma un florùt cocolàt
da un vintulìn di primavera,
zirulànt a si stà'n tal glas
Olìmpic di Vancouver.

E jòt, jòt coma che,
coma'l spirt di Michelànzul,
al tenta'nvàn di vièrzisi
e saltà fòu un boculùt
par sempri 'ntrapulàt
davòu daj vuj da la vecjuta.

Il canto dei grilli

Sul tardi di ogni sera
porto Loco e Lolli a dormire
al loro posto
là, nella parte opposta del cortile.

Loro,
che sembrano rassegnati,
mi seguono zitti zitti;
sento sempre, lo stesso, una stretta di cuore
al lasciarli lì soli.

Ma attraversando il cortile
sento tutt'in giro
il cantare dei grilli;
e ritornando
ancor più forte mi batte il cuore:
non però per i miei cani
ma per me che rientrando
in casa lascio
che si godano
solo loro quella dolce sinfonia.

Il cjantà daj grìs

Ogni tars di sera
i meni Loco e Lolli a durmì
là'n tal so post
in ta che altra banda dal curtìl.

Encja se lòu,
ca somèjn rasegnàs,
a mi vègnin davòu sidìns sidìns,
jò i sìnt sempri
na streta di còu al lasàju lì besoj.

Ma scjavasànt il curtìl
i sìnt dut atòr
il cjantà daj grìs;
e tornànt indavòu
encjamò pì pešànt a mi bàt il còu,
ma no paj me cjans
ma par me che tornànt
in cjaša i lasi
ca si gòdin doma lòu
che dolsa sinfonìa là difòu.

Facciamo il calcolo…

*N*asciamo
Tettiamo.
Cresciamo.
Lavoriamo.
Ridiamo.
Amiamo.
Beviamo.
Odiamo.
Piangiamo.
Preghiamo.
e *M*oriamo.

Fašìn il càlcul…

i *n*asìn,
i tetàn
i cresìn,
i lavoràn,
i ridìn,
i amàn,
i bevìn,
i odiàn,
i planzìn,
i preàn

e i *m*orìn.

L'ìnfinito

The Andromeda galaxy is speeding towards us at a rate of 120km/s.

Sempre caro mi fu quest'ermo colle
E questa siepe...

Eccomi seduto qui sulla mia panca
al calduccio profumato di questa sera d'estate.
Assorto nei miei pensieri
ascolto il gorgoglio del fiumicello
che con le sue ondicelle
scorre sopra un letto ghiaioso
producendo una dolcissima cantilena.
Una zanzara mi punge e mi distoglie
dalle mie dolci e vaghe riflessioni.
E mi sovvengo perciò che fra mille milioni di anni
la nostra galassia si scontrerà
con l'Andromeda, e che fra trenta
miliardi di anni si ripeterà il big bang,
dando inizio, forse, a un altro eguale girotondo;
o che l'accelerazione del cosmo
ci farà perdere di vista tutte le galassie,
e noi non sapremo più nulla del big bang;
e che—Dio mio!—fra cento triliardi di anni
le ultime stelle si bruceranno e noi tutti
resteremo nel buio più nero.—
Allora io mi accarezzo il piccolo gonfiore
causato dall'insetto e sento di nuovo
il gorgoglio della corrente sulla ghiaia,
e più che mai mi godo la soave arietta della sera.

Il Infinìt

The Andromeda galaxy is speeding towards us at a rate of 120km/s.

Sempre caro mi fu quest'ermo colle
E questa siepe...

I soj chì sintàt in ta la me bancjuta
in tal cjaldùt profumàt di chista sera di estàt.
Sidìn e penseròus
i scolti il sgorgolà da la roja
che cun li ondulùtis pì nininis
a scòr in tal so font gleròus
coma'l nisulnasulà di na cuna.
Un muscjìn a mi beca e a mi stravièa
dal me dols insiminimìnt. E par chèl
a mi vèn in mins che fra vincj' mil miliòns
di àis la nustra galàsia a si scuntrarà
cun l'Andromeda, e che fra trenta
miliàrdos di àis a si ripetarà il big bang,
tacànt, forsi, n'altri eterno ziravòlt;
o che l'acelerasiòn dal còsmo
a ni farà pierdi di vista duti li galàsis,
e nuàltris i no savarìn pì nuja dal big bang;
e che—oh Diu!—fra sent triliàrdos di àis
li ùltimi stèlis a si brušaràn e dùcjus
i restarìn in ta un scur neri neri.—
Alora jò i mi caresi la boluta
da la becada dal muscjìn, i sìnt di nòuf
il sgorgolà dols da l'aga'n ta la glera,
e pì che maj i mi gòt l'ariuta dolsa da la sera.

La mosca

Con le sue braccia incrociate
lui steva lì disteso
sotto la tettoia.

Il tempo, fuori, imperversava,
e io rimanevo lì, infreddolito,
incapace di distogliere gli occhi
dalla sua gelida rigidità.

Una mosca—
una macchiolina nera sulla sua fronte
candida e nobile—
proclamava
con lo strofinarsi delle sue mani odiose,
lì, in quell'altare marmoreo e freddo,
il trionfo della morte.

La moscja

Cuj bras incrošàs
luj al era lì distiràt
sot da la tetòja.

Fòu a slavinava
e jò i stevi lì 'ngrišignìt
sensa podej distacà i vuj
da la so gèlida rigiditàt.

Na moscja—
na macjuta nera'n ta la so front
càndida e nòbil—
a proclamava
cul freàsi da li so manùtis odiòšis,
lì, in ta chel altàr lis e frèit coma'l màrmul,
la vitòria da la muart.

L'orso

Autunno.
Frutta nell'orto abbondantissima.
Bruno come la notte che lo circonda,
l'orso si avvicina al pero,
si alza, gigantesco, maestoso,
rimane lì a lungo
nel fitto dei rami e delle foglie,
godendosi fragranze e sapori,
incurante di pericoli,
come ogni grande signore della terra.

Ritorna la sera dopo
per le mele del vicino,
ma il vicino
per disprezzo
per avvalersi dei suoi diritti d'uomo
per paura
allunga schioppo e spara.

Sento la schioppettata e corro,
ma lì,
sotto il melo del vicino,
della maestà dell'orso
non rimane che un piccolo grumo
nero.

Il ors

Autùn.
In tal ort il frutàn dols e bondànt
al clama.
Scur coma la nòt ca lu inglusa
il ors a si visina al pierusàr.
A si'ndresa, gigantèsc, maestòus,
e al resta lì a lunc
fra fràscjs e fuèis
godìnt fragrànsis e savòus,
sensa nisuna poura,
coma ogni grant siòr da la cjera.

Al torna la sera dopo
paj milùs dal visinànt,
ma chèl,
par disprès,
par fà jodi il so dirìt di omp,
par poura,
al indresa il sclop e al spara.

I sìnt la sclopetada e i còr,
ma lì,
sot dal milusàr dal visinànt,
da la maestàt dal ors
a no resta che un pìsul grun
neri.

Il nipotino mio maestro

Ecco Luca, il bimbo
che solo giorni fa
mi ha fatto diventar nonno.

Dall'incomprensibilità di Hegel
mi ha lui, col suo venire,
insegnato a capire

come e perchè
in questa mia vecchiaia
sono e rimarrò
un eterno divenire.

Il me mestri nevodùt

Èco chì Luca, il ninùt
che nonu doventà
a mi à fàt l'altra dì.

Da l'incomprensibilitàt di Hegel
a mi à luj, cul so vignì,
insegnàt a capì

coma e parsè
che'n ta la me vecjaja
i soj e i restaraj
un eterno doventà.

Io

Non sono ora quello che ero ieri
e ieri quello che ero il giorno prima
e non ero il giorno prima quello che ero
il giorno prima di quello
e il giorno prima di quello
e prima ancora fino al momento
in cui divenni consapevole di essere.
Non sono l'unico ad aver letto
I Fratelli Karamazov,
Il Mondo come Idea e Volontà,
La Repubblica,
Hamlet,
Bleak House,
Don Quixote,
I Promessi Sposi,
I Malavoglia,
Faust,
e mille altri libri;
ma sono il solo la cui curiosità di leggere
Dante
Shakespeare
Austen
Elliot
Voltaire
Goethe
Pasolini
ed
eccetera
è stata provocata
da una proibita e oh così trepidante lettura

de I Miserabili
nei giorni quando
Runcis era il centro del mio mondo
i confini del quale erano
li Sèdulis
e la messa della domenica.
E in tutta questa terra
non c'è nessun'altro
la cui memoria
del gioco del *cibè*
in un Runcis polveroso,
di affamatissimi bachi
e del dolce sapore delle more dei gelsi
viene ora mossa
dal nome della vedova imperatrice Tsu-hsi
riportato nelle pagine de
Gli Anelli di Saturno.
E sicuramente nessuno
in nessunissimo remoto pianeta *Goldilocks*
nascosto nel fitto di miliardi di sistemi solari
della nostra o di altre Vie Lattee
ha meditato come me
nelle dune profumate di artamisia
con la mia Lolli e il mio Loco.
Tutto questo sono
e molto molto di più.
Sfido Google dunque o Deep Blue
a ricreare un altro
Io.

Abbottabad, 1 maggio 2011

Bonny & Clyde
se ne ridono dell'autorità,
e se ne ridono pure
Sonny Corleone
e McMurphy
e molti altri
popolarissimi
scontenti
e indignati eroi.

Ma l'autorità
alla fine vince, e sempre
—cosa sicuramente giusta—
e Bonny & Clyde
e Sonny & McMurphy
vengono ridotti al silenzio
sotto il peso autorevole
del piombo
o dello scalpello,
ma nessuno applaude.

Bin Laden,
come Bonny e gli altri
scontento e indignato,
viene pure lui ucciso—
e tutti applaudono.

Pioviggina, pioviggina

Quotidianamente, per ore e ore,
bagnavamo granoturco e pomodori,
zucchini, cetrioli e peperoni
e ogni altro bendidio che cresceva
bello e abbondante nel campicello.

L'acqua per bagnare non mancava:
il Bonaparte faceva la sua buona parte
e scorreva promettendo
la sua acqua preziosa fino a fine stagione.
Ma dopo due mesi senza pioggia,
sempre più pregavamo per una pioviggina!
Quanto gli avrebbe giovato
agli alberi e ai praticelli che già
incominciavano a ingiallirsi e a seccarsi!

E qualcuno lassù ci aveva ascoltato,
ma invece di mandarci una pioviggina,
ecco che ci manda uno scroscione
talmente generoso che in men che non si dica
inzuppava ogni letto, ogni praticello,
lasciando, a dir poco, ebbro
ogni melo e ogni noce.

Quanta grazia! Bramato avevamo
mille pioviggine, e mille pioviggine
ci erano cascate addosso, così, all'improvviso,
accompagnate da tuoni e lampi.

Oh, è vero, tutto era ben bagnato:

ma per tutta quest'acqua benedetta
non avevamo mai pregato—
specie per quella che ci aveva lasciato
il podere ricolmo di pantano;
e i sassi, poi, portati giù dall'acqua
rabbiosa da rive e canaloni,
molto più abbondanti erano
delle mele nei nostri meli
e delle noci nei nostri alberi da noce.

Qualcuno, certo, ascolta le nostre preghiere—
ma, mio Dio, dovrebbe proprio
ascoltarle così attentamente?

“Pluvišina, pluvišina…”

Ogni di, par òris e òris,
i bagnàvin la blava e i pomodòros
e i pèvaròns e i sucoj e i cucùmars
e ogni altri bendidìu cal creseva
bièl e bondànt in tal ort.

L’aga par bagnà a no mancjava:
il Bonaparte al feva la so buna part
e al parava via a cori, prometìnt
la so aga presioša fin a fin stagiòn.
Lo stes, dopo doj mèis ca no ploveva,
cuant preàt ch’i vèvin par na pluvišina!
Cuant ben ca ghi varès fàt
a li plàntis e ai pratùs che cà e là
a tacàvin a’nzalisi e a secjasi.

E cualchidùn lasù al à scoltàt,
ma’nvensi di mandani na pluvišina
a ni’a mandàt na slavinada
cussì generoša che’n ta miešora
a ghi à dàt na stonfada a ogni eca,
a ogni pratùt, e lasàt miès cjoc
ogni milusàr e cocolàr.

Cuant bendidìu! Bramàt i vèvin
mil pluvišìnis, e mil pluvišìnis
a ni sòn, compagnàdis da lamps e tons,
colàdis intòr, cussì, a colp, tic e tac.

Oh, sigùr, dut a era ben bagnàt;

ma par cussì tanta aga benedeta
i no vèvin maj, ma maj preàt—
màsima par chè ca ni veva lasàt
il post plen di pantàn par dut;
e i claps, po, partàs jù cun l'aga
rabioša da li rìvis e daj canalòns,
tant pì bondàns a èrin
daj milùs in taj milusàrs
e da li còculis in taj cocolàrs.

Cualchidùn, po, al scolta li prejèris
—ma al varèsia, Diu bon,
da scoltàlis cussì benòn?

Solo

Ma in un deserto come questo
non ti senti solo?
Alla domanda—
improvvisa, inaspettata—
rispondo con un
sì, con un no, con un ma come, anzi.
Al momento proprio non lo so.
Solo dopo,
rimasto solo,
nell'aria profumata dall'artemisia
sento il pianto di Gretchen
e lo sghignazzare di Mefisto,
sento battere il cuore di Aliosha,
soffro con Francesca
e con Ophelia,
e sento una voglia matta
di strozzare don Abbondio—
e poi, e poi,
ci sono Lolli e Loco,
ci sono Rossini e Puccini
e Sismica e Pagliacci...
Ci sono loro,
e non solo.

Requiem per il passerino

In questa splendida mattina di settembre
mi stavo dondolando
sulla mia sedia
con Mahler che mi riempiva
orecchie e cuore.

Sentivo qualcosa di melanconico
in ogni movimento
della sua Quarta Sinfonia,
ma non capivo perchè.

Ma ecco che Puccini mi si avvicina
con un passerino in bocca.
Qui, nel freschetto di quest'ombra,
poggia giù il passerino ai miei piedi
e si guarda in giro;
alza poi verso di me
i suoi bei occhi verdi
come per dire, Ne vuoi?
Poi, vedendo che arricciavo il naso,
con un'altra occhiata attorno a se,
si prepara a consumare
il suo pasto.

Incomincia con la testolina.
In un lento di Mahler
sento un 'cric' e poi di nuovo un 'cric'
e—oh Puccini, Puccini!—scompare così

la testolina del passerino.

Si lecca la bocchina, la mia Puccini,
prima di iniziare il piatto principale;
ma poco a poco,
inserendo crepitio e scricchiolio
a un andante moderato
della sinfonia di Mahler
finisce, in un lentissimo,
col sbranare il resto del passerino.

Poi, con un piumino
nei suoi baffi
e con la serenità dei giusti,
Puccini si strofina
calma alle mie gambe.

Di scricchiolii non ne sento più,
ma conosco ora pur troppo bene
la fonte della malinconia.

Requiem par la pasaruta

In ta chista splèndida matina di setembri
i mi stevi dondulànt
in ta la me cjadrèa,
cun Mahler ca m'impleniva
orèlis e còu.

I ghi cjatavi alc di malincònic
in ta ogni muvimìnt
da la so Cuarta Sinfonìa,
ma i no capivi parsè.

Ma èco che Puccini a si visina
cu na pasaruta in bocja.
Uchì, in tal frescùt di sta ombrena,
dongja daj me piè,
a poja jù la pasaruta;
a si vuarda atorotòr,
a volta i so biej vuj verdulìns in sù
coma par dišì "I comànditu?",
e dopo, jodìnt ch'inrisavi il nas,
cu n'altra ocjaduta'nziru,
a si prepara a cunsùmà'l so past.

A taca cul cjavùt.
In ta un lento di Mahler
i sìnt un 'cric' e dopo di nòuf un 'cric'
e—oh Puccini, Puccini!—al sparìs cussì
il cjavùt da la pasaruta.

A si leca la bocjuta, la me Puccini,
prin di tacà cul so plat pì grant;
ma puc a puc,
misturànt un cric uchì e un scrisulà ulà
in ta un andante moderato
da la sinfonìa di Mahler
a finìs, in ta un lentissimo,
di sbrana fòu il rest da la pasaruta.

Adès, cu na plumuta
in taj mostàcjus
e cun la serenitàt dai juscj',
èco che Puccini a vèn
a strucasi intòr di mc.

I no sìnt pì nisùn scrisulà,
ma i saj ben jò adès
da'ndà ca vèn la malinconìa.

Primavera

Assorto guardavo
un'ape
aggrappata al bocciolo d'un armellino
mentre feroci raffiche di vento cercavano
di strapparla dal fiore agognato.
Nulla poteva questa forza elementale
contro la sua dolce ostinazione.
Pensavo—
ma quanto è scema
questa sua voglia matta per un po' di nettare—
perchè mai non correre al rifugio
del suo alveare?
E pensavo—
noi,
l'apice dell'evoluzione,
l'immagine stessa del Creatore—
noi no,
che mai così faremmo.
Ma mi sovvenivo poi di Dorotea
e di tutte le altre creature della primavera—
di Giulietta, di Francesca, di Elena,
di Angelica, di Corinna
e di...Madonna
e capivo allora
la verità—
la triste, felice, amara,
dolce, misteriosa, trasparente,
mirabile, cocente,
tragica, demonica
e oltremodo divina verità—
che ci accomuna a quest' umile ape.

Sendai

Marzo 11/11

Ieri notte nel cielo di Ashcroft
le stelle luccicavano vivaci,

e oggi nel mio orto
le gemme dei miei albicocchi
promettevano fiori e profumo.

A pochi chilometri da Sendai
le placche tettoniche si scontrano

e a terra i ciliegi in fiore
vengono inghiottiti da onde
rabbiose e spumeggianti,

e con essi ogni sorriso.

Eppure stanotte
il luccichio delle stelle
appare più vivace che mai.

Oh little stars,
how I wonder
at your twinkle.

Trattato sulla guerra e sulla fame

Lo so, lo so—
il mondo è stracolmo di gente
sette miliardi di scontenti di affamati di sofferenti
eppure, eppure—
ora che la porta è sicuramente chiusa
a questa piovosa notte di novembre,
il mondo si contrae
nella melodia del
Notturno
di Schubert:
ecco li.

Tratàt su la guera e su la fan

I saj ben jò
che il mont al è straplèn di zent,
sièt miliàrdos di rabiàs di soferèns di afamàs
e pur, e pur—
adès ch'i ghi ài sieràt la puarta
a sta nòt plovoša di novembri
il mont a si concentra
in ta la melodìa dal
Notturno
di Schubert:
dut lì.

Le ciliege

Le ciliege sono mature
e pronte per la raccolta.

Tutte sono belle e rosse
e in ciascuna brilla un piccolo sole.

Ne raccolgo una
e un'altra
e un'altra.

Poco a poco il piccolo sole
si tramuta nel tuo volto sorridente.

Soavissimo anticipo.

Allora—

Sono un deista? mi chiedi.
Credo in un dio
che mi ama come un padre o una madre?
Quale presuntuosità
pensare che un dio signore dell'universo
creatore ex nihilo della terra della luna
del sole e di stelle e galassie senza fine—
che un dio che tutto ciò ha fatto
si dia il minimissimo pensiero di me,
di questo granello di sabbia
sperduto fra i cespugli di artemisia,
e allora—
allora
la sai tu stessa la risposta.
Ma se mi chiedi cosa penso
quando in primavera un'ape
chiamata dal suo nascondiglio invernale
svolazza da fiore di albicocca a fiore di pesca
a fiore di ciliegia o mela
finchè il mio frutteto diventa
una profumata sinfonia di colori
guidata da ali invisibili,
allora—
e quando più tardi i miei denti si affondano
con avidità nella dolcezza di una pesca o di una mela,
ciascuna il frutto dell'amore fra ape e fiore,
o più tardi ancora pregusto nella soavità dell'uva
sere future di inebriante compagnia,
allora—
e quando la mia Lolli dopo aver ceduto
per un istante solamente

alla comprensibilissima
(dato il fascino irresistibile della Lolli)
insistenza del giovane
e palpitante Choco
mi offre quel qualcosa di umido e nero
che ora non la smette mai di sbuffare e scodinzolare
finchè non lo seguo per una passeggiata
fra i cespugli di salvia,
allora—
e quando ogni mattina
(questo è Ashcroft dopotutto)
mi sveglio a questo improbabile
Sole
e al suo tramontare
la Luna
chiama ai suoi riti ogni creatura della notte
mentre lassù in alto
Cassiopeia e le sue sorelle
continuano la loro graziosa e perpetua danza,
allora, e
allora—
quando infine spremo da queste parole
un pensiero e lo invio
attraverso distanze remote e impossibili
affinchè come un'ape
alla conclusione del suo lungo vagare
penetri nella tua mente,
allora—
beh, se tutto ciò mi chiedi,
allora non sono più certo
che queste meraviglie senza fine
siano il frutto di…
nulla.

www.ingramcontent.com/pod-product-compliance
Ingram Content Group UK Ltd.
Pitfield, Milton Keynes, MK11 3LW, UK
UKHW041835200726
13854UKWH00003BA/1149